HÔTEL DES COLONNES

RUE PAUL-LE-LONG, 3.

près la Bourse.

A PARIS

GUIDE DU VOYAGEUR

A PARIS

RENSEIGNEMENTS UTILES

OFFERT A MM. LES VOYAGEURS

PAR LE PROPRIÉTAIRE DE L'HOTEL.

DISDERI et CIE

ex-Photographes des palais des Beaux-Arts
et de l'Industrie.

PORTRAITS EN TOUS GENRES

8, boulevard des Italiens

MAISON DE ROBERT-HOUDIN.

USINE A VAPEUR.

ASSOCIATION DES MENUISIERS EN FAUTEUILS.

B. DECLUDT et CIE

rue de Charonne, 5, cour Saint-Joseph.

COMMISSION.   PARIS.   EXPORTATION.

Fabrique de Chaises, Fauteuils, Canapés, Chaises longues, etc.

GUIDE

DU

VOYAGEUR A PARIS

CONTENANT

les Jours et les Heures d'Entrée

DANS TOUS LES MONUMENTS PUBLICS

UN TARIF DES VOITURES DE PLACE

ET DE REMISE

et le Prix d'Entrée dans tous les Théâtres.

AVIS IMPORTANT.

Avoir soin de se munir d'un passe-port. On peut aussi demander à son Excellence le Ministre d'État la collection de billets dont il peut disposer.

Afin de faciliter à nos nombreux lecteurs le choix des établissements qui ont mérité notre confiance, et pour diriger utilement leurs acquisitions, nous avons recueilli, avec une scrupuleuse exactitude, le nom et l'adresse des principales Maisons de Paris.

MONTRES DE GENÈVE
HORLOGERIE, BIJOUTERIE
Maison BAUDIN Frères

A GENÈVE
Grand quai, en face du Jardin anglais

A PARIS
7, rue de la Paix, au 1er.

Fabriquant et vendant elle-même ses produits, cette Maison supprime tout intermédiaire entre le producteur et le consommateur, ce qui lui permet de les offrir à des prix très-avantageux.

Assortiment de Montres de poche, depuis la plus simple jusqu'au Chronomètre de la plus grande perfection.

MONTRES SONNANT LES HEURES, QUARTS ET MINUTES

MONTRES INDIQUANT LE JOUR DU MOIS ET DE LA SEMAINE.

Montres se remontant sans clef.

BIJOUTERIE EN TOUT GENRE.

PALAIS IMPÉRIAUX.

Le Palais des Tuileries est visible avec la permission du commandant du palais, lorsque l'Empereur n'y réside pas.

Les Palais de Versailles et de Trianon sont visibles tous les jours, de 11 à 4 heures, avec une permission du Ministre d'Etat.

Prendre pour y aller le Chemin de fer rive droite aux demies, ou la rive gauche aux heures.

MANUFACTURES IMPÉRIALES.

La Manufacture Impériale de Sèvres est visible tous les jours, de 11 à 4 heures, excepté les Dimanches et Fêtes, avec une permission du Ministre d'Etat, ou sur le vu d'un passe-port. — Mêmes chemins de fer.

La Manufacture Impériale des Gobelins est visible le mercredi et le samedi, de 2 à 4 heures, en été, et de 1 à 3 en hiver avec une permission demandée au Ministre d'Etat, ou à l'Administrateur de la Manufacture.

Prendre pour y aller l'omnibus U.

SAINTE-CHAPELLE.

La Sainte-Chapelle est visible tous les jours, avec une permission du Ministre d'Etat ou sur le vu d'un passe-port. — Omnibus J L U.

TOMBEAU DE L'EMPEREUR. — HOTEL DES INVALIDES.

Le Tombeau de l'Empereur est visible pour tout le monde le lundi, de midi à 3 heures, et le jeudi aux mêmes heures, sur la présentation d'un passe-port. Omnibus Y Z.

Les Plans en relief, aux Invalides, sont visibles du 1er mai au 15 juin, en adressant une demande de billets au Général président du comité des fortifications ou sur le vu d'un passe-port. — Omnibus Y et Z.

MEUBLES SCULPTÉS

20, Boulevard
des
FILLES-DU-CALVAIRE.

RIBAILLIER AINÉ et MAZAROZ
FABRIQUE et EXPOSITION
Rue Ternaux-Popincourt, 4 et 6.
PARIS.

13, rue du Bac, 13
PARIS.

A SAINTE-CÉCILE
MAISON SPÉCIALE
PASSEMENTERIES
Rubans, Hautes Nouveautés.

MAISON DE VENTE
du **POMPADOUR PORTE-JUPE** (breveté s. g. d. g.)

HOTEL DE VILLE.

Les Appartements de l'Hotel de Ville sont visibles les jeudis, sur la présentation d'un billet délivré par le Préfet de la Seine ou sur le vu d'un passe-port Omnibus *G O Q R*.

Nota.— A l'approche des fêtes données par l'Hôtel de Ville, les appartements ne peuvent être visités.

MUSÉES.

Les Musées du Louvre sont visibles tous les jours, de 10 à 4 heures, excepté les lundis.

Le Musée du Luxembourg est visible tous les jours, de 11 à 4 heures, excepté les lundis.

Le Musée de Versailles est visible tous les jours, de 11 à 4 heures, excepté les lundis.

Le Musée des Thermes et de l'Hotel de Cluny est ouvert pour tout le monde les dimanches, de 10 à 4 heures. Les mercredis, jeudis et vendredis, il est visible de midi à 4 heures, sur le vu d'une permission demandée au directeur du Musée ou sur le vu d'un passe-port.

Le Musée d'Artillerie, place Saint-Thomas d'Aquin, est visible les jeudis, sur la présentation d'un billet demandé au Conservateur du Musée ou sur le vu d'un passe-port.

Le Musée des Monnaies est visible les mardis et vendredis, de midi à 3 heures.

Les mêmes jours, de 10 à 1 heure, on peut visiter les Ateliers, sur la présentation de billets délivrés par le Président de la Commission des Monnaies.

Le Muséum d'Histoire naturelle, au Jardin des Plantes, est visible les mardis, jeudis et samedis, de 11 à 2 heures, avec des billets demandés au Directeur ou sur le vu d'un passe-port. Les mardis et jeudis, il est ouvert au public, de 2 à 5 heures, et le dimanche, de 1 à 5 heures.

FABRIQUE
DE
BRONZES D'ART ET D'AMEUBLEMENT.
MERCIER
rue Vieille-du-Temple, 110.

MAISON DEPLANCHE
51, RUE VIVIENNE, 51.

SPÉCIALITÉ
POUR
L'HABILLEMENT ET LA TOILETTE
DES ENFANTS DES DEUX SEXES.

Modes. — Lingeries. — Confection.
Layettes hygiéniques et Trousseaux de pension.
Toilettes de Baptême.
GRAND CHOIX D'ÉTOFFES DE TOUS GENRES.

A LA REINE D'ANGLETERRE.
FLEURS FINES
GROS ET DÉTAIL.
CHAGOT-MARIN
5, rue Neuve-Saint-Augustin.

CONSERVATOIRE DES ARTS ET MÉTIERS.

Le Conservatoire des Arts et Métiers, rue Saint-Martin, est ouvert au public les dimanches et jeudis, depuis 10 jusqu'à 4 heures.

EXPOSITION DES PRODUITS DE L'ALGÉRIE.

L'Exposition permanente des Produits de l'Algérie, rue de Grenelle-Saint-Germain, 107, est visible tous les jeudis, sur la présentation de cartes délivrées par M. le Maréchal Ministre de la Guerre.

BIBLIOTHÈQUES.

La Bibliothèque Impériale, rue Richelieu, est visible pour le public. les mardis et vendredis, de 10 à 3 heures.

La Bibliothèque Sainte-Geneviève, place du Panthéon, est visible tous les jours, excepté les dimanches et fêtes.

Les Bibliothèques Mazarine et de l'Arsenal sont visibles tous les jours, de 10 à 3 heures, excepté les dimanches.

ÉGLISES LES PLUS REMARQUABLES.

Notre-Dame et ses Tours. — Saint-Gervais. — Saint Merry. — Saint-Nicolas des Champs. — Saint-Eustache. — Saint Vincent de Paul. — Notre-Dame de Lorette. — La Madeleine. — Saint-Roch. — Saint-Severin. — Saint-Sulpice et ses Tours. — Saint Germain des Prés. — Sainte-Geneviève, son Dôme et ses Tombeaux. — Saint-Étienne du Mont. — Sainte-Clotilde.

ÉGLISES DES DIFFÉRENTS CULTES.

Église réformée de France, à l'Oratoire, rue Saint-Honoré, 157.

Dimanche, à 11 heures 1/2 du matin. Culte et prédication.
— 7 heures 1/2 du soir. —

A Pantemont, rue de Grenelle-Saint-Germain, 106.

CACHEMIRES

DES INDES ET DE FRANCE.

MAISON

L. CERF, MICHEL ET CIE

9, boulevard des Italiens, 9.

VENTE EN GROS ET EN DÉTAIL.

Dimanche, à 11 heures 1/2 du matin. Culte et prédication.
— 7 heures 1/2 du soir. —

ÉGLISE ÉVANGÉLIQUE DE LA CONFESSION D'AUGSBOURG.
A la Rédemption, rue Chauchat, 6.
Dimanches et jours de fêtes, à 11 heures 1/2 précises.
Aux Billettes, rue des Billettes, 18 (près de l'Hôtel de Ville). Dimanches et jours de fêtes, à midi.

ÉGLISE MÉTHODISTE WESLYENNE, rue Royale, 23.
Le dimanche à 2 h. 1/2, et le vendredi à 7 h. 1/2 du soir.
Chapelle de la rue de Chateaubriand, 7 (près de l'Arc de Triomphe de l'Étoile.)
Le dimanche à 11 heures.

ÉGLISE ÉVANGÉLIQUE DE FRANCE.
Église Taitbout, rue de Provence, 54.
Dimanche à midi et à 7 heures 1/2. Culte et prédication.

ÉGLISE RÉFORMÉE ÉVANGÉLIQUE, rue de Chabrol, 29.
Dimanche à 10 heures 1/2 du matin.

TEMPLE ISRAÉLITE.
La synagogue est rue Notre-Dame de Nazareth, 15.
Le service aura lieu du 8 novembre au 5 janvier à 4 heures du soir, du 5 au 13 janvier à 5 heures, du 14 janvier au 28 février à 5 heures 1/2, du 28 février au 21 mars à 6 heures, du 21 mars au 11 avril à 6 heures 1/2, du 11 avril au 2 mai à 7 heures, tous les soirs.

TEMPLE ISRAÉLITE PORTUGAIS, rue Lamartine, 29.
Les heures de service sont les mêmes que ci-dessus.

MINISTÈRES.

PRÉFECTURE DE LA SEINE ET DE POLICE.
Pour obtenir audience des ministres, faire une demande motivée par écrit.

INTÉRIEUR. Rue de Grenelle-Saint-Germain, 101-103.
— Les bureaux sont ouverts le mardi et le jeudi, de 11 à 3 heures.

AFFAIRES ÉTRANGÈRES. Rue de l'Université, 130. —

SOCIÉTÉ GÉNÉRALE
DE
GALVANOPLASTIE

PROCÉDÉS **LENOIR** BREVETÉS s. g. d. g.

GAUTIER ET CIE

PROPRIÉTAIRES DES MODÈLES DE L'ANCIENNE MAISON
E. VITTOZ ET Cie

BRONZES
D'ART ET D'AMEUBLEMENT

USINE ET MAGASIN
rue Popincourt, 88.

Les bureaux sont ouverts, le mardi et le vendredi, de midi à 3 heures.

Pour faire viser les passe-ports, tous les jours de la semaine, de 11 à 4 heures.

Finances. Rue de Rivoli, 234. — Les bureaux sont ouverts tous les jours de la semaine, de 10 à 4 heures.

Guerre. Rue Saint-Dominique Saint-Germain, 86. — Le public est admis le mercredi, de 2 à 4 heures.

Marine. Rue Royale-Saint Honoré, 2. — Les bureaux sont ouverts le jeudi de 2 à 4 heures.

Justice et Cultes. Place Vendôme, 13. — Les bureaux de la justice sont ouverts le vendredi, de 2 à 4 heures.

Agriculture, Commerce, Travaux publics. Rue Saint-Dominique, 62. — Les bureaux sont ouverts le mardi et le vendredi, de 2 à 4 heures.

Instruction publique. Rue de Grenelle-Saint-Germain, 110. — Les bureaux sont ouverts le jeudi, de 2 à 4 heures.

Ministère d'État. Place du Carrousel. — Les bureaux sont ouverts tous les jours, de 10 à 4 heures.

Ministère de la maison de l'Empereur. Rue de Rivoli, 16. — Les bureaux sont ouverts tous les jours, de 10 à 4 heures.

Préfecture du département de la Seine. Place de l'Hôtel de Ville. — Les bureaux sont ouverts tous les jours de 10 à 4 heures,

Préfecture de Police. Rue de Jérusalem, au Palais de Justice. — Les bureaux sont ouverts tous les jours, de 9 à 4 heures.

AMBASSADES.

Écrire aux Ambassadeurs pour obtenir audience.

Angleterre. Rue du Faubourg-Saint-Honoré, 39. — Bureaux de la Chancellerie et du Consulat. De 11 à 2 heures ; pour le visa des passe-ports, les déposer de 11 à 1 heure, les reprendre à 2 heures.

A LA PRÉSIDENCE

1, RUE DE LA CHAUSSÉE-D'ANTIN,

près le boulevard.

SPÉCIALITÉ

DE

CONFECTIONS POUR DAMES

ET

FOURRURES

(DENTELLES ET SOIERIES).

MANTEAUX, MANTELETS, BURNOUS, ÉCHARPES BRODÉES.

SORTIES DE BAL.

VÊTEMENTS D'APPARTEMENT ET DE VOYAGE.

ENGLISH SPOKEN.

Autriche. Rue de Grenelle-Saint-Germain, 87. — De 1 à 3 heures.
Belgique. Rue de la Pépinière, 97. — De midi à 2 heures 1/2.
Espagne. Rue de Courcelles, 29. — De 1 à 3 heures.
États-Unis d'Amérique. Rue Beaujon, 13. — De midi à 2 heures.
Grèce. Rue du Cirque, 20. — De midi à 3 heures.
Naples. Rue du Faubourg-Saint-Honoré, 47. — De 1 à 3 heures.
Portugal Rue d'Astorg, 12. — De midi à 1 h. 1/2.
Prusse. Rue de Lille, 78. — De midi à 1 heure 1/2.
Pays-Bas. Rue du Cirque, 2. — De 11 à 1 heure.
Rome. Nonce du Pape, rue de l'Université, 69. — De 11 à 1 heure.
Russie. Faubourg Saint-Honoré, 33. — De midi à 2 h.
Sardaigne. Rue Saint-Dominique, 133. — De 11 à 2 h. Bureaux de la Chancellerie ouverts de 2 à 4 heures, visa des passe-ports de 11 à 2 heures.
Suède et Norwége. Rue d'Anjou-Saint-Honoré, 74. — De 6 à 1 heure.
Turquie. Bureaux, rue de la Victoire, 44. — De 2 à 3 heures.

MONUMENTS QU'ON PEUT VISITER TOUS LES JOURS
(*sans permission*).

Le Palais du Sénat, de 10 à 4 heures, quand il n'y a pas de séance.
La Bourse, surtout de 1 à 3 heures, les jours ouvrables.
L'Arc de Triomphe de l'Étoile.
La Colonne de la Place Vendôme.
La Tour Saint-Jacques.
La Colonne de Juillet.
La Chapelle Expiatoire, rue de l'Arcade.
Le Palais de Justice.
Le Cimetière du Père Lachaise.

8, BOULEVARD DE STRASBOURG, 8.

CORSETS PLASTIQUES

MÉDAILLE D'OR. — MÉDAILLE DE PLATINE.

Ce **Corset** produit, *avec l'amincissement et l'élégance de la taille*, le libre développement de la poitrine et des organes de la respiration, et le bien-être pour les personnes les plus délicates. FORME INALTÉRABLE.

MAISON BONVALLET.

249, rue Saint-Honoré, 249.

FOURRURES
A LA REINE D'ANGLETERRE

ARTICLES POUR

CORBEILLES DE MARIAGE

CONFECTION DE MANTEAUX

POUR DAMES.

VOITURES DE REMISE.

TARIF POUR LA BANLIEUE EN DEÇA DES FORTIFICATIONS et pour le bois de Boulogne.

DÉSIGNATION des VOITURES.	De six h. du mat. à minuit 30 min.		De minuit 30 m. à 6 h. du matin.	
	La course	L'Heure.	La course	L'heure.
	fr. c.	fr. c.	fr. c.	fr. c.
Voitures à 2, 4 et 5 plac.	2 "	2 25	2 50	3 "

Tarif pour l'extérieur des fortifications.

DÉSIGNATION des VOITURES.	De 6 h. du matin à 7 h. du soir en hiver, et à 9 h. en été.
	L'heure.
	fr. c.
Voitures à 2, 4 et 5 places.........	2 50

Adressez-vous en toute confiance

A M. L'ABBÉ DE FONTENILLE

élève de son père,

DOCTEUR EN MÉDECINE

CHIRURGIEN-DENTISTE

9, Boulevard des Italiens, 9.

Ce Dentiste est très-renommé pour son habileté à guérir les dents douloureuses les plus cariées et pour ses pièces artificielles, qu'il rend invisibles à l'œil le mieux exercé et avec lesquelles la mastication se fait sans la moindre difficulté.

FLEURS FINES

BAPTISTE

MAISON DE GROS
8, rue Thévenot.

GRAND ASSORTIMENT

DE

COIFFURES DE BAL ET DE MARIÉES

FLEURS NOUVEAUTÉS POUR MODES

EXPÉDITIONS
POUR LA FRANCE, L'ÉTRANGER ET LES COLONIES

S'adresser à M. BAPTISTE, 8, rue Thévenot,
à Paris.

VOITURES DE PLACE.

TARIF POUR LA BANLIEUE EN DEÇA DES FORTIFICATIONS
et pour le bois de Boulogne.

DÉSIGNATION des VOITURES.	De six h. du matin à minuit 30 min.		De minuit 30 m. à six h. du matin.	
	La course	L'heure.	La course	L'heure.
	fr. c.	fr. c.	fr. c.	fr. c.
Voitures à 2 places....	1 25	1 75	2 »	2 50
Voitures à 4 et 5 places.	1 40	2 »	2 »	2 50

Tarif pour l'extérieur des fortifications.

DÉSIGNATION des VOITURES.	De six h. du matin à 7 h. du soir en hiver, et à 9 h. en été.
	L'heure.
	fr. c.
Voitures à 2, 4 et 5 places..........	2 50

PHYSIQUE AMUSANTE

VOISIN

MÉCANICIEN

81, RUE VIEILLE DU-TEMPLE, 81.

Seule maison spéciale qui puisse offrir aux amateurs les nouveaux instruments récemment découverts et tous les anciens perfectionnés et reconnus tels par les plus éminents artistes du genre.

(Tournez la page, s. v. p.)

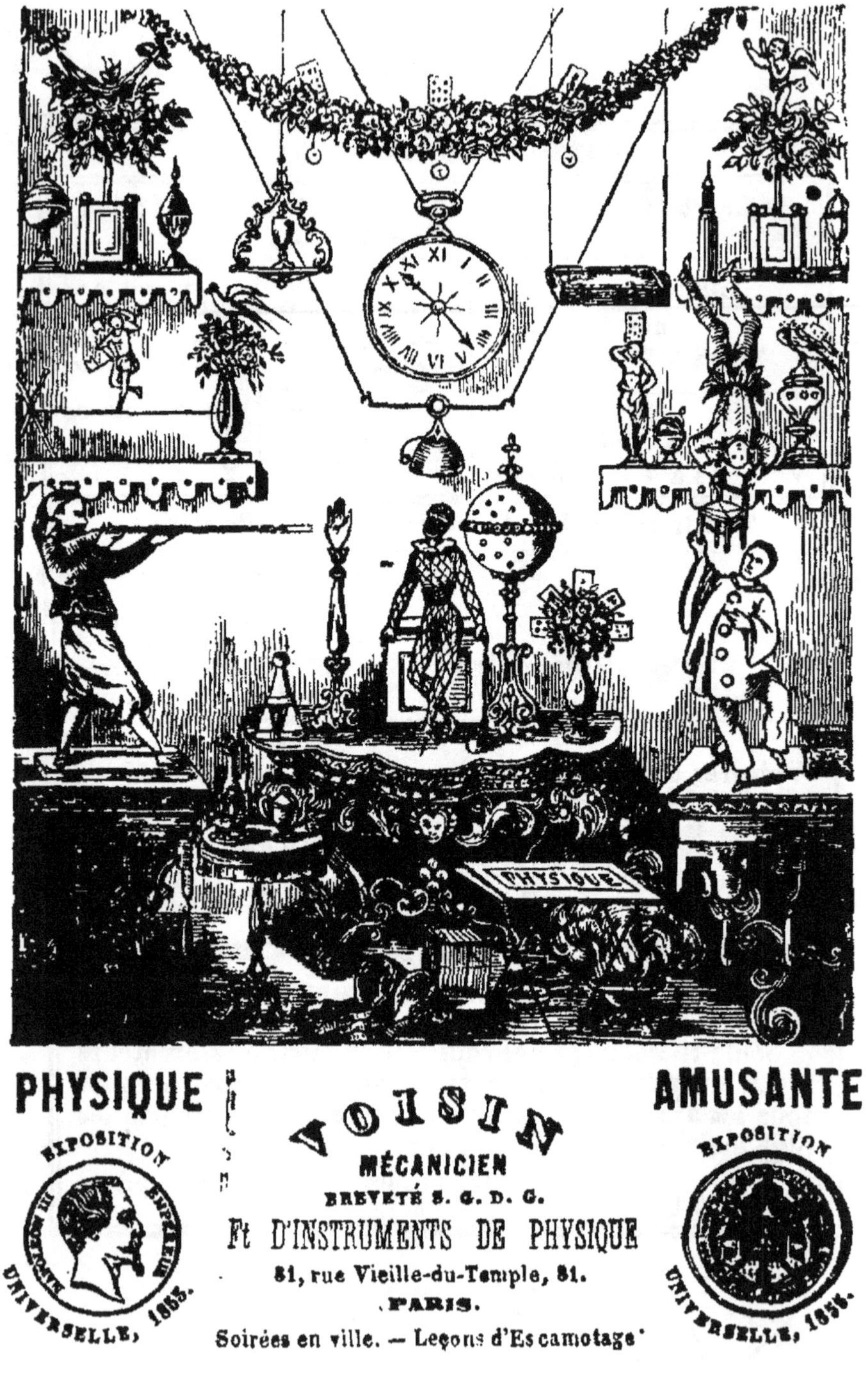

PHYSIQUE   **AMUSANTE**

VOISIN

MÉCANICIEN

BREVETÉ S. G. D. G.

Ft D'INSTRUMENTS DE PHYSIQUE

81, rue Vieille-du-Temple, 81.

PARIS.

Soirées en ville. — Leçons d'Escamotage

— 19 —

PRIX DES PLACES AUX DIFFÉRENTS THÉÂTRES DE PARIS.	Av.-Scènes de rez-de-ch.	Av.-Scènes du foyer.	Loges du foyer.	Stalles d'amphith.	1res Loges de face.	Baignoires de face.	Loges de balcon.	Av.-Scènes des 1res.	1res Loges de côté.	Fauteuils d'orchestre.
	fr. c.	fr. c.	fr. c.	fr. c.	fr. c.	fr. c.	fr. c.	fr. c.	fr. c.	fr. c.
OPÉRA............	10 "	12 "	12 "	10 "	8 "	8 "	8 "	8 "	7 "	8 "
FRANÇAIS.........	8 "	7 "	8 "	"	6 "	6 "	8 60	5 "	5 "	5 "
OPÉRA-COMIQUE....	7 "	7 "	7 "	"	7 "	6 "	"	"	5 "	6 "
THÉÂTRE-ITALIEN..	"	"	"	10 "	10 "	"	"	"	"	10 "
THÉÂTRE-LYRIQUE..	6 "	6 "	5 "	"	4 "	3 50	3 "	4 "	3 "	4 "
ODÉON............	5 "	5 "	5 "	2 50	4 "	3 "	"	3 "	3 "	2 "
VAUDEVILLE.......	6 "	6 "	5 "	"	5 "	4 "	"	5 "	3 "	5 "
VARIÉTÉS.........	5 "	3 "	4 "	"	4 "	4 "	5 "	5 "	3 "	5 "
GYMNASE..........	6 "	6 "	6 "	"	5 "	5 "	5 "	5 "	3 "	5 "
PALAIS-ROYAL.....	5 "	5 "	5 "	"	4 "	4 "	4 "	5 "	"	3 "
PORTE-SAINT-MARTIN.	5 "	5 "	4 "	"	5 "	4 "	"	5 "	"	4 "
GAÎTÉ............	5 "	6 "	6 "	"	4 "	4 "	3 "	6 "	"	3 "
AMBIGU...........	6 "	6 "	5 "	"	6 "	4 "	"	5 "	"	4 "
CIRQUE-IMPÉRIAL..	5 "	5 "	"	"	4 "	2 50	3 "	6 "	"	3 "
FOLIES-DRAMATIQUES	2 75	2 75	"	"	2 25	2 50	"	2 50	"	1 "
FOLIES-NOUVELLES..	3 50	3 50	"	"	3 "	"	3 "	"	"	3 "
BOUFFES..........	5 "	3 "	"	"	5 "	"	"	5 "	4 "	4 "

PATE ET SIROP DE
NAFÉ D'ARABIE

De Delangrenier, rue Richelieu, 26, à Paris.

Cinquante médecins des hôpitaux de Paris ont constaté que le SIROP et la PATE de NAFÉ étaient les pectoraux les plus efficaces contre les Rhumes, la GRIPPE et les IRRITATIONS de POITRINE.

CHOCOLAT PURGATIF

De Desbrière, pharmacien, rue Lepelletier, 9, à Paris.

Cet agréable chocolat, composé avec la magnésie, purge parfaitement sans échauffer et sans irriter les organes digestifs.

RACAHOUT DES ARABES

de Delangrenier, rue Richelieu, 26, à Paris.

Cet excellent aliment rétablit les convalescences et les personnes malades de la poitrine et de l'estomac. Il est approuvé par l'Académie de médecine, seule autorité qui offre garantie et confiance.

MAUX DE DENTS

L'EAU du Docteur O'MEARA, Médecin de Napoléon, guérit à l'instant le mal de dents le plus violent et arrête la carie.

(Pharmacie, rue Richelieu, 44).

VINAIGRE DE TOILETTE
COSMACETI

AROMATIQUE ET RAFRAICHISSANT

rue Vivienne, 55, à Paris.

Il adoucit et blanchit la peau, et il se distingue de tous les Vinaigres connus, soit par la finesse de son parfum, soit par ses propriétés lénitives et rafraichissantes.

— 21 —

SUITE DU PRIX DES PLACES AUX DIFFÉRENTS THÉÂTRES DE PARIS.

	Fauteuils de Balcon	Fauteuils de 1re gal.	2es Loges de face	2es Loges de côté	3es Loges de face	3e Galerie de côté	1re Galerie	2e Galerie	Pourtour	Parterre
OPÉRA............	6 60	"	6 "	"	"	2 50	"	"	"	4 "
FRANÇAIS.........	6 50	6 "	3 50	4 "	4 "	"	5 "	1 50	2 50	2 50
OPÉRA-COMIQUE....	10 "	6 "	2 "	"	2 "	"	6 "	3 "	"	2 50
THÉÂTRE-ITALIEN..	4 "	3 "	2 "	1 50	6 "	5 50	"	"	"	4 "
THÉATRE-LYRIQUE..	3 "	2 50	"	8 "	"	"	2 50	1 50	3 "	1 50
ODÉON............	5 "	5 "	2 "	1 50	"	1 50	2 50	1 50	2 50	1 50
VAUDEVILLE.......	5 "	5 "	2 "	2 50	2 "	"	4 "	"	"	2 "
VARIÉTÉS.........	5 "	4 "	3 "	2 50	2 "	1 25	"	75	2 50	"
GYMNASE..........	5 "	4 "	"	"	"	"	"	"	1 50	2 "
PALAIS-ROYAL.....	4 "	2 "	4 "	"	"	"	2 50	"	2 50	2 50
PORTE-SAINT-MARTIN	3 "	4 "	1 50	"	"	"	1 50	1 25	1 50	1 50
GAÎTÉ............	4 "	4 "	2 50	"	"	"	"	1 50	2 50	1 25
AMBIGU...........	4 "	4 "	"	"	"	"	"	1 50	3 "	1 "
CIRQUE-IMPÉRIAL..	2 50	"	2 50	"	"	"	75	"	"	"
FOLIES DRAMATIQUES	1 50	1 25	"	"	"	"	"	"	"	75
FOLIES-NOUVELLES.	3 "	1 50	"	"	"	"	1 "	"	"	75
BOUFFES..........	4 "	4 "	2 50	"	"	"	"	"	"	1 50

CHEMISIER DES PRINCES

MARQUET

104, RUE DE RICHELIEU, 104.

Cette Maison, la plus ancienne de la **SPÉCIALITÉ**, se recommande le plus particulièrement pour son choix de Marchandises de première qualité, et surtout la belle confection des **CHEMISES**, **GILETS DE FLANELLE** et **CALEÇONS**.

Mouchoirs de Batiste de toutes sortes, Cravates de soie, longues et carrées, Chaussettes de soie, Fantaisies, Bretelles et tout ce qui concerne les Fournitures pour Hommes.

SPÉCIALITÉ POUR ARMOIRIES ET CHIFFRES BRODÉS.

POSTE AUX LETTRES.

SERVICE DE PARIS.

TABLEAU

des heures de levées des boîtes et des distributions dans Paris.

HEURES DE LEVÉES DES BOITES.	HEURES DES DISTRIBUTIONS DANS PARIS.	
1re { à 7 h. 3/4 aux boîtes. à 8 h. 1/2 aux bureaux.	à 7 heures.	Pour les lettres de Paris.
2e { à 10 h. aux boîtes. à 10 h. 1/4 aux bureaux.		
3e { à midi aux boîtes. à midi 1/4 aux bureaux.	à 9 h. 1/2.	Paris et les chemins de fer de Rouen et d'Orléans.
4e { à 2 heures aux boîtes. à 2 h. 1/4 aux bureaux.	à 11 h. 1/2.	
5e { à 3 heures 1/2 aux boîtes. à 4 heures aux bureaux. à 5 heures à l'hôtel des Postes et à la boîte de la Bourse.	à 1 h. 1/2. à 3 h. 1/2.	Pour les lettres de Paris, des départements et de l'étranger.
6e { à 4 heures 1/2 aux boîtes. à 5 heures aux bureaux.	à 5 h. 1/2 et à 6 h.	Paris et les chemins de fer de Rouen et d'Orléans.
7e { à 9 heures aux boîtes. à 9 h. 1/2 aux bureaux.		

Les lettres provenant de la septième levée sont mises en réserve pour la première distribution du lendemain à 7 heures du matin.

A. VEYRAT

ORFÉVRE

22, rue de Malte, 22

PARIS.

—

ORFÉVRERIE EN ARGENT MASSIF

PLAQUÉ D'OR ET D'ARGENT.

ARGENTURE DE RUOLZ

84, RUE DU BAC, ET RUE DE GRENELLE SAINT-GERMAIN, 67

A L'ANGLE DES DEUX RUES.

A LA FILEUSE

HAUTES NOUVEAUTÉS

ET FANTAISIES LES PLUS NOUVELLES.

MAISON SPÉCIALE

la plus importante du Faubourg Saint-Germain

PAR SON GRAND CHOIX DANS CES ARTICLES.

HUIT JOURS A PARIS.

HEURES.	DIMANCHE.
10	Visiter le Palais-Royal.
11	L'église Saint-Roch.
12	La colonne de la Place Vendôme.
12 1/2	L'église de la Madeleine.
1	Les boulevards.
2	L'église Saint-Vincent de Paul.
2 1/2	Prendre le chemin de fer du Nord pour Saint-Denis (son église et ses tombeaux).
	LUNDI.
10	Le Puits artésien de Grenelle.
11	L'Hôtel des Invalides.
11 1/2	Les Plans en relief (du 1er au 15 juin (*).
12	Le Tombeau de l'Empereur Napoléon.
1 1/2	Bois de Boulogne.
3	Pré Catelan.
4 1/2	Chapelle Saint-Ferdinand, à Neuilly.
5	Arc de Triomphe de l'Étoile.
	MARDI.
10	Prendre le chemin de fer (rive gauche) pour
10 1/2	Meudon, son château et son parc.
1	Manufacture de Sèvres (*).
3	Saint Cloud (son parc et son château).
	NOTA. — Meudon, Sèvres et Saint-Cloud sont contigus.
5	La Chapelle Expiatoire, rue de l'Arcade.
	MERCREDI.
10	L'église Notre-Dame et la sacristie.
10 1/2	Le Palais de Justice.
11	La Sainte-Chapelle.
12	Musée de Cluny.

(*) On doit présenter son passe-port.

EAUX MINÉRALES NATURELLES DE CHABETOUT

(PUY-DE-DOME.)

Ces Eaux acidules alcalino-ferrugineuses conviennent d'une manière toute spéciale dans les affections des *Yeux, Conjonctivites, Blépharites, Ophthalmies chroniques*. Elles réussissent également bien contre les maladies qui dépendent d'un appauvrissement du sang ou d'une menstruation irrégulière; aussi les recommande-t-on contre les *Leucorrhées*, les *Pâles couleurs*. Enfin, dans les cas de *Gastrite chronique*, et chez les personnes dont les digestions sont pénibles, elles sont d'un excellent usage mêlées au vin.

L'Etablissement sera ouvert à la saison des bains.

Dépôt général à Paris, 20, rue des Lombards, 20

à la Pharmacie-Droguerie

TRAVERSE et **J. SALUCE**, neveu.

TAILLEUR

HAUTES NOUVEAUTÉS

A. BLAISE

7, rue des Colonnes

près de la Bourse.

Cette Maison, le rendez-vous de la fashion parisienne, se recommande tout particulièrement aux étrangers par la coupe élégante de ses vêtements.

ENGLISH SPOKEN. — SE HABLA ESPAÑOL. — SPRITH DEUTH.

HEURES.		MERCREDI (Suite).
1	1/2	L'église Saint-Étienne du Mont.
2		Sainte-Geneviève, son dôme et ses tombeaux.
2	1/2	Bibliothèque Sainte-Geneviève.
3	1/2	Musée du Luxembourg.
4		Palais du Sénat.
4	1/2	Jardin du Luxembourg.
5		L'église Saint-Sulpice et ses tours.
5	1/2	L'église Saint-Germain des Prés.
		JEUDI.
10		Visiter l'église Saint-Eustache.
10	1/4	Les Halles centrales.
10	1/2	L'église Saint-Merry.
11		Saint-Nicolas des Champs.
11	1/2	Conservatoire des Arts et Métiers.
1		Appartements de l'Hôtel de Ville (*).
2	1/2	Musée d'Artillerie (*).
3	1/2	Produits de l'Algérie (*).
4	1/2	Eglise Sainte-Clotilde.
		VENDREDI.
10		Bibliothèque impériale.
11	1/2	Bibliothèque Mazarine.
12		Musée des Monnaies.
1		Palais des Beaux-Arts.
2		Musée du Louvre.
5		La Tour Saint-Jacques.
		SAMEDI.
10		Bibliothèque de l'Arsenal.
11		Le Jardin des Plantes.
12		Muséum d'histoire naturelle (*).
1	1/2	Les Gobelins (*).
3		La Colonne de Juillet.
3	1/2	Le Cimetière du Père Lachaise.

(*) On doit présenter son passe-port.

CHEMINS DE FER DE L'OUEST
13, rue d'Amsterdam.

SERVICE de PARIS à LONDRES, prix : 1re classe 35; 2e classe 25. Par *Dieppe* et *Newhaven* (Brighton), départs de Dieppe tous les jours excepté le dimanche — trajet total en une journée; bureau spécial, 7, rue de la Paix. Par le *Havre* et *Southampton* — départs du Havre, les lundis, mercredis et vendredis de chaque semaine; bureau spécial, 3, place Vendôme. Par le *Havre* et la TAMISE — départs du Havre les 5, 10, 15, 20 et 25 de chaque mois; bureau spécial, 13, rue de la Paix.

JARDIN MABILLE
aux Champs-Elysées, avenue Montaigne.

Soirées musicales et dansantes les mardis, jeudis, samedis et dimanches — rendez-vous de tous les étrangers de distinction et de la fashion parisienne.

CHATEAU DE FLEURS
avenue des Champs-Élysées.

Grandes fêtes dansantes et musicales. Ces soirées alternent avec celles du Jardin Mabille. Elles ont lieu les lundis, mercredis, vendredis et dimanches.

CONCERTS DE PARIS
rue du Helder, 19.

L'orchestre, sous la direction d'Arban, exécute de 8 à 11 heures du soir les œuvres musicales de tous nos grands compositeurs. — Prix d'entrée : 1 fr. 50; places réservées, 2 fr.; loges, 3 fr. — Les vendredis et dimanches, concert vocal et instrumental.

A LA MAGICIENNE

129, rue Montmartre

SPÉCIALITÉ

DE

CONFECTIONS POUR DAMES

ET FOURRURE

MAISON

LA PLUS IMPORTANTE DE PARIS

RECONNUE POUR VENDRE

LE MEILLEUR MARCHÉ.

ASSORTIMENT CONSIDÉRABLE.

FOWLER
ENGLISH BOOKSELLER
6, rue Montpensier and
231, Péristyle Montpensier, 231
(at the west end of the galerie d'Orléans)
PALAIS-ROYAL.

STÉRÉOSCOPES
ET
ÉPREUVES STÉRÉOSCOPIQUES
Vues de tous les pays
Groupes, Objets d'art, etc.
ARTICLES DE PHOTOGRAPHIE

ALEXIS GAUDIN ET FRÈRE
Paris, 9, rue de la Perle
LONDRES, 26, SKINNER-STREET.

28, boulevard Poissonnière

A LA MADONE
DESSINATEUR EN BRODERIES
SPÉCIALITÉ
DE ROBES DE BAPTÊME ET MANTELETS
Chiffres et Mouchoirs.

Rue Neuve-Saint-Augustin, 45
PRÈS LA RUE DE LA PAIX, A PARIS.

CONFIANCE — BON MARCHÉ

Etoffes de soie
Etoffes de laine
et autres

Tissus nouveaux
pour Robes

Blanc de fil
Blanc de coton
Bonneterie, Ganterie
Châles, Lingerie
et Nouveautés
pour Dames

Chemises
confectionnées
et sur mesure

Linge de ménage
tout fait

Draperie
Etoffes nouvelles
pour Pantalons
et Gilets

Foulards, Cravates
et Nouveautés
pour Hommes.

CORBEILLES
DE MARIAGE

TROUSSEAUX
ET LAYETTES.

A St AUGUSTIN.
MAGASIN DE NOUVEAUTES
connu pour vendre le meilleur
marché de tout Paris.

ROBES, MANTEAUX
et Mantelets

HABILLEMENTS
POUR ENFANTS.

APPAREILS
ÉLECTRO-MÉDICAUX
PULVERMACHER

Br. s. g. d. g.

Appr. par l'Académie de médecine, récomp. a l'exp. univ. de 1855.

PATENT.

Disposés selon la maladie en

CHAINE	BANDE	COLLIER
10 et 15 f.	10 et 15 f.	5 et 10 f.
BRACELET. 5 fr.	**CEINTURE.** 10 et 15 fr.	**BUSC.** 5 fr.	**BATTERIE ÉLECTRIQUE.** 25 fr. et au-dessus.

POUR LA guérison PROMPTE DES

DOULEURS
NERVEUSES, RHUMATISMALES, GOUTTEUSES

Pour se renseigner sur les résultats curatifs obtenus par ces appareils à l'HOPITAL DE LA CHARITÉ, à Paris, dans les cas de : **névralgies, tics sciatiques, coliques nerveuses, paralysies générales, chorées, rhumatismes, paraplégies,** etc., etc., voir le nouveau Prospectus (qu'on envoie gratis sur demande). On y trouve le compte-rendu de l'*Académie des Sciences* du 8 février 1858, un extrait du Rapport de l'*Académie de Médecine* du 1er avril 1851, et des ouvrages scientifiques de MM. les académiciens POUILLET, DELARIVE, BECQUEREL, etc., avec d'autres documents authentiques.

PULVERMACHER et Cⁱᵉ, 18, rue Royale, à Paris

Paris. — Imprimerie Walder, rue Bonaparte.

TABLE DES MATIÈRES.

Palais impériaux.......... 3	Ministères.......... 9
Manufactures impériales.. 3	Préfectures de la Seine et
Sainte-Chapelle.......... 3	de Police........ 9
Tombeau de l'Empereur.—	Ambassades........ 11
Hôtel des Invalides.... 3	Monuments qu'on peut vi-
Hôtel de Ville.......... 5	siter tous les jours... 13
Musées................. 5	Tarif des voitures sous re-
Conservatoire des Arts et	mise............ 15
Métiers............... 7	Tarif des voitures de
Exposition des produits	place.......... 17
de l'Algérie....... 7	Prix des places aux diffé-
Bibliothèques........ 7	rents théâtr. de Paris. 19-21
Eglises remarquables... 7	Poste aux lettres..... 23
Eglises des différents cultes 7	Huit jours à Paris.... 25

CHAPELLERIE (brevetée s. g. d. g.)
3, rue Vivienne.

BAISSE DE PRIX

Chapeaux de soie imperméables. Solidité, grande légèreté, parfaite élégance : **14** fr. au lieu de **16**.

Castors : **20** fr. au lieu de **25**.

Chapeaux mécaniques brevetés pour la ville, le théâtre et le voyage, en mérinos : **11** fr. au lieu de **16**.

En soie : **16** fr. au lieu de **25**.

HABILLEMENTS D'HOMMES

43, rue de Rivoli.

AU CHATELET

MM. les Voyageurs, avant de faire leurs achats de vêtements, feront bien de visiter cet établissement de premier ordre, placé au centre des beaux quartiers, à proximité de la Tour Saint-Jacques, de l'Hôtel de ville, du Palais de justice et des Halles centrales. Ils y trouveront, avec de grands avantages,

UN CHOIX IMMENSE D'HABILLEMENTS TOUT FAITS

et pourront, dans les 48 heures,

SE FAIRE HABILLER SUR MESURE.

Le bon goût, la solidité, l'élégance et le bon marché ne peuvent pas être disputés à cet Établissement, qui tient le premier rang dans la capitale.

VÉRITABLE VENTE A PRIX FIXE.

Paris. — Impr. Walder, rue Bonaparte, 44.

www.ingramcontent.com/pod-product-compliance
Lightning Source LLC
Chambersburg PA
CBHW060716050426
42451CB00010B/1469